AF233369

INAUGURATION

DE

L'HOPITAL ST-JACQUES

RUELLE VOLONTAIRE (RUE DE VAUGIRARD, N° 227)

LE 2 JUIN 1884

SOUS LA PRÉSIDENCE

De Mgr RICHARD, Coadjuteur du Cardinal-Archevêque de Paris

CLERMONT (OISE)

IMPRIMERIE DAIX FRÈRES

Imprimeurs de la Société médicale homœopathique de France
et de l'Hôpital Saint-Jacques.

1884

INAUGURATION

DE

L'HOPITAL SAINT-JACQUES

———

Le 2 juin, à neuf heures, a eu lieu la bénédiction du nouvel hôpital St-Jacques, situé ruelle Volontaire (rue de Vaugirard, 227). La messe a été dite, le sermon prêché, la bénédiction donnée par le coadjuteur Mgr Richard. L'assistance était nombreuse, recueillie, en majeure partie composée de personnes sincèrement attachées à l'homœopathie et s'intéressant vivement à ses progrès : au premier rang les administrateurs de la *Société anonyme des hôpitaux homœopathiques* et la plupart des dames patronnesses, avec leur présidente, la digne fille de M. Petroz. Les sœurs avaient orné de fleurs les cours et la chapelle ; des jeunes filles de l'orphelinat ont chanté pendant la messe. C'était une véritable fête.

Après la cérémonie religieuse, les assistants se sont rendus dans la salle des réunions, trop petite, hélas ! pour les contenir tous.

Le Dr Jousset, président de la commission administrative de l'Hôpital, a ouvert la séance par cette allocution :

MONSEIGNEUR,

MESDAMES, MESSIEURS,

Laissez-moi me réjouir avec vous de cette belle cérémonie, qui est le digne couronnement de la construction du nouvel hôpital St-Jacques. Que Mgr Richard reçoive ici tous nos remerciements pour avoir bien voulu bénir notre hôpital et présider cette réunion !

MESDAMES ET MESSIEURS,

Cette œuvre est la vôtre au moins autant que la nôtre. Car sans votre généreux concours, nous n'aurions jamais pu réunir les 450,000 fr. qui représentent le prix de cet hôpital. Nous voulons que les actionnaires et les obligataires de la Société anonyme des hôpitaux homœopathiques, que toutes les personnes qui, par leurs offrandes, ont contribué à notre œuvre, reçoivent, au nom de nos pauvres malades d'abord, au nom de la doctrine médicale qui nous est chère ensuite, les remerciements qui leur sont dus.

Les administrateurs de la Société financière ne doivent pas être oubliés ; il ont été à la peine, il est juste qu'ils soient à l'honneur : M. *Raimbeaux*, notre ancien président ; M. *Moreau*, qui lui a succédé ; M. *Lacroix*, qui s'est donné tant de peine pour surveiller et activer les travaux, et enfin le Dr Cretin, qui a bien voulu, malgré ses occupations, accepter les fonctions d'administrateur, et dont le zèle infatigable a réuni à lui seul beaucoup plus de la moitié des souscriptions.

Les médecins qui ont desservi pendant 12 ans le premier hôpital St-Jacques ne nous feront pas défaut et donneront aux malades qui viendront dans notre nouvel établissement leurs soins aussi éclairés que désintéressés.

Quant à nos chères sœurs, je n'en dirai qu'un mot : sans elles, il y a longtemps que nous aurions sombré dans la banqueroute... Leur zèle intelligent, leur économie ingénieuse, leur dévouement aux malades, ont fait notre succès dans le passé et assureront notre avenir.

Puisse cette œuvre, fruit de la charité et de l'initiative individuelle, susciter la création d'hôpitaux analogues. Puissent enfin notre administration si simple et entièrement gratuite, notre respect de la conscience des malades et l'heureux concours des sœurs hospitalières, faire réfléchir l'administration des hôpitaux dont les services laïcisés entraînent des dépenses chaque jour plus élevées, sans profit aucun pour la tolérance religieuse et à son grand détriment. (*Vifs applaudissements.*)

La parole ayant été donnée ensuite au Dr Crétin, celui-ci s'exprime ainsi :

MONSEIGNEUR,
MESDAMES, MESSIEURS

La tâche qui m'incombe serait ingrate et difficile en toute autre circonstance. Elle me devient doublement facile, grâce à l'auditoire intelligent et sympathique auquel je m'adresse, et grâce aussi à l'éloquence des chiffres, aussi irrésistible, celle là, que positive.

Il s'agit, en effet, de vous exposer la situation financière de l'Hôpital St-Jacques, de vous faire connaître les ressources sur lesquelles il compte pour assurer, dans l'avenir, non seulement son existence, mais encore sa prospérité. Deux mots sur son passé.

Avoir un Hôpital pour y faire la démonstration publique de la supériorité de l'Homœopathie sur toutes les autres médications, tel a été, depuis plus de cinquante ans, l'idéal de tout médecin homœopathe. M. Petroz qui, le premier, a pratiqué l'Homœopathie avec une grande autorité et lui a assuré un rapide succès, à Paris, crut un instant réaliser cet idéal. Vers 1846 ou 1847, une dame anglaise, pénétrée de reconnaissance pour les services qu'il avait rendus à sa famille et à elle-même, lui offrit une somme de 400,000 fr. pour fonder un Hôpital Homœopathique. Malheureusement les ministres d'alors, parmi lesquels M. Petroz comptait plusieurs clients, — on peut en citer quelques-uns sans indiscrétion, l'amiral Mackau, le comte Duchâtel, — les ministres, à leur grand regret, lui objectèrent que les circonstances politiques étaient un obstacle insurmontable. A toutes les instances, M. Guizot et M. Duchâtel répondaient invariablement: Nous avons déjà bien assez à faire de lutter contre l'opposition sans la fortifier encore par l'hostilité des vingt mille médecins de France. *Non possumus.*

M. Petroz dut se résigner. Quelques années plus tard, à la suite du congrès de 1855, l'idée fut reprise dans la commission centrale homœopathique, émanation de ce congrès. Cette commission se composait de neuf membres ; elle était présidée par M. Petroz. On élabora un projet de souscription parmi les clients les mieux disposés. Ce projet resta à l'état de projet.

En 1867, après un autre congrès, toutes les dépenses payées, restait une somme de 580 fr. Elle se composait de 500 fr. offerts par le célèbre médecin homœopathe espagnol, le Docteur de Yzern, et de 80 fr. offerts par son éminent confrère, le Docteur Domolinos. Sur la proposition du Président, le Professeur Imbert-Gourbeyre, il fut décidé que cette somme formerait le noyau d'un fonds destiné à la construction d'un hôpital, ou à une institution utile à l'homœopathie. Une souscription immédiatement ouverte assurait une somme annuelle de 1,000 francs pour grossir ce petit capital. Au 1er mai 1869 il s'élevait à 4,000 fr.; au 1er novembre suivant à 5,000 fr.; au 30 mai 1870 à 9,555 fr. et à une rente annuelle de 2280 fr. pendant trois ans.

Jusque-là tout s'était passé entre médecins. La Société médicale homœopathique de France, arrivée à ce résultat, décide l'ouverture d'une souscription publique. Un certain nombre de médecins qui s'étaient associés à ses efforts, se séparent d'elle, provoquent eux-mêmes une souscription publique et ouvrent un hôpital, l'hôpital Hahnemann. Cette initiative imprévue précipite nos résolutions.

Un bâtiment mal approprié est loué rue St-Jacques, 282 ; la souscription, ouverte parmi nos clients, produit, dans la malheureuse année 1870, environ 24,000 fr. qui, ajoutés aux 9,555 en caisse, nous permettent de pourvoir aux premières exigences. La guerre survient. Notre maison St-Jacques, autorisée seulement comme maison de santé, est convertie en ambulance, et ce n'est que le 1er octobre 1871 que nous pouvons commencer le service régulier des cliniques.

A partir de cette date, vous connaissez par nos rapports annuels l'histoire de St-Jacques. Plus de 300,000 fr. dus à vos libéralités ont suffi à son entretien, soit une moyenne de 23.000 par an. L'année 1871, l'année terrible, nous n'avons reçu que 13,700. De 1872 à 1877 la souscription annuelle dépasse, et de beaucoup, la moyenne ; en 1878 et 1879, elle tombe au-dessous, à 20,500 ; puis, brusquement, à 12,000 en 1880, à 12,300 en 1881, 8,600 en 1882, pour se relever, en 1883, à 17,800 fr. Ce relèvement est dû à des dons ayant pour objet de nous faciliter la translation de St-Jacques à la ruelle Volontaire.

C'est, en grande partie, aux dames patronnesses que nous devons ces générosités par le soin qu'elles ont pris de les provoquer, de les recueillir et de les joindre aux leurs. Je ne suis que l'interprète de tous mes confrères en leur offrant ici l'expression publique et bien vive de notre reconnaissance.

En 1878, nous avons enfin obtenu la reconnaissance d'utilité publique pour notre œuvre, sous le titre d'hôpital St-Jacques.

D'année en année les bâtiments de la rue St-Jacques allaient se délabrant, tombant presque en ruines. L'hiver de 1879 à 1880 mit le comble à la dégradation. Nous résolûmes d'acheter l'immeuble et de reconstruire, ou d'acheter un terrain et d'y élever des constructions. C'est à ce dernier parti que nous avons dû nous arrêter.

Ici commence l'ère des difficultés. Si nous avons surmonté les premières, c'est encore à vous que nous le devons. Vous avez généreusement et rapidement formé le capital de la Société anonyme des hôpitaux homœopathiques, propriétaire de l'immeuble, dont la Société de l'hôpital St-Jacques n'est que locataire. J'ai vu à l'œuvre les organisateurs et les administrateurs de la Société anonyme, auxquels M. Jousset rendait tout à l'heure un juste hommage. Les organisateurs : M. Ferdinand Riant, dont l'absence à cette cérémonie est d'autant plus regrettable que nous lui devons plus de remerciements ; le Dr Jousset, qui, avec lui, a constitué la Société ; les administrateurs : M. Abel Raimbeaux, le président de la fondation, qui a conclu, après des démarches et des discussions sans fin, l'acquisition du terrain ; M. Moreau, son digne successeur, dont l'expérience et l'activité nous ont été et nous seront encore si utiles ; M. Lacroix, un laborieux et habile secrétaire ; et, à côté d'eux : notre notaire, le très regretté M. Dufour, dont la bienveillance généreuse nous est continuée par son digne fils ; nos banquiers, MM. J. Worms, Alphen, Dauphin et Cie, qui nous ont rendu tant de services, non seulement gratuits, mais même productifs ; enfin, notre architecte si distingué et si sympathique, M. Lequeux, qui a dirigé les travaux si consciencieusement exécutés par la Société nouvelle de constructions, système Tollet. C'est au zèle, au dévouement de ces messieurs, que vous devez de posséder aujourd'hui un hôpital simple, sans luxe, mais de bon goût et réunissant toutes les conditions hygiéniques réclamées par la science et par l'humanité. Voilà votre œuvre. Je vous en ai montré le commencement bien humble, une entrée en campagne avec 580 fr. ! Et, aujourd'hui, c'est par centaines de mille francs que se comptent vos sacrifices et vos avances ; plus de 300,000 fr. dépensés à l'entretien de l'hôpital, 450,000 fr. consacrés à votre immeuble.

Je dis 450,000 fr. Il reste, en effet, environ cinquante obligations à souscrire, soit une somme de vingt-cinq mille francs, et nous aurons probablement encore à emprunter une dizaine ou une quinzaine de mille francs pour parfaire ce chiffre de 450,000 fr.

Eh bien ! cette œuvre si patiemment soutenue et agrandie, il faut la faire vivre maintenant ; il faut lui assurer non seulement le présent, mais encore l'avenir, et cela ne peut se faire qu'en la dotant d'un capital suffisant pour que les revenus rendent les souscriptions annuelles inutiles.

Il s'agit des voies et moyens, dont nous nous occupons

tous, dont je me suis plus spécialement occupé, plus même que notre trésorier. Sa charge est assez lourde, recevoir et payer, hélas ! surtout payer. Aussi ai-je accepté volontiers de vous exposer, en son lieu et place, ces voies et moyens.

Quel est le budget de l'hôpital St-Jacques, tel qu'il est établi maintenant, avec quarante lits gratuits et quelques lits d'isolement ! Bien évidemment, il ne peut être fixé, en dépenses, à moins de 40,000 fr. tant pour les malades et le personnel que pour les réparations, l'entretien des bâtiments, l'assurance, l'eau, le gaz, etc., une foule de frais accessoires, sans compter tout ce qui nous manque ; nous n'avons pas même une cloche, encore moins une horloge ! (*Rires.*) Ajoutez à cela un loyer de 20,000 fr.; c'est à une dépense de 60,000 fr. au minimum qu'il faut pourvoir chaque année.

Mais comment ? Je marche sur des charbons ardents, *incedo per ignes.* C'est seulement par des dons et par des legs que vous assurerez la pérennité de votre œuvre. Ne vous effrayez pas ; commençons par les dons.

Ne savez-vous pas que toutes les circonstances de la vie excitent à la charité, portent à la bienfaisance ? Survient-il un événement heureux dans votre famille, une naissance, un mariage, ou bien une solennité comme un baptême, une première communion, pensez aux pauvres malades ; faites un don à l'Hôpital St-Jacques qui les abrite. Êtes-vous frappé par un malheur, par la perte d'un des vôtres bien chers, d'un de vos proches, pensez aux pauvres qui subissent les mêmes épreuves dans la misère, dans l'abandon et surtout dans la maladie ; faites un don à l'hôpital St-Jacques où les malheureux trouvent des soins empressés et dévoués de la part des religieuses et des médecins, et aussi quelques consolations ! Au milieu des fêtes de la famille et de l'amitié, pensez aux pauvres qui en sont privés, et qui gémissent sur un lit de douleur; faites un don à l'hôpital St-Jacques où, avec la santé, ils espèrent retrouver la force, le calme et l'espérance. Tous ces dons, si minimes soient-ils, finiront par former un capital important. Si vous les mesurez à votre charité, à votre fortune, ce capital s'accroîtra rapidement.

Arrivons aux legs : chaque jour la presse annonce des legs inutiles ou burlesques à des académies, à des sociétés diverses, sociétés d'agriculture, des beaux-arts, protectrice des animaux, etc. Mais heureusement elle enregistre aussi des legs louables faits à l'assistance publique, à des sociétés de bienfaisance, comme celle des enfants abandonnés.

Tous, tant que vous êtes ici, vous avez l'intention d'en faire d'aussi honorables. Pensez à l'hôpital St-Jacques ! Si vous ne lui faites pas la plus grosse part, faites-lui-en une petite ; nous vous demandons pour lui au moins la dîme.

Inutile d'insister. Nous en sommes convaincus ; personne d'entre vous n'oubliera l'hôpital St-Jacques dans ses générosités posthumes ; personne ne fera comme trois de mes clients qui, après m'avoir comblé de témoignages de reconnaissance, d'attachement et d'affection, sachant quelles peines je me donnais pour l'Hôpital St-Jacques, ont oublié, dans leurs dispositions testamentaires, et le pauvre Hôpital et leurs protestations affectueuses !

L'un a laissé un million à la Ville de Paris, pour construire un Hôpital ; on s'est contenté de donner son nom à un pavillon. Un autre, après avoir construit et doté un grand Hôpital dans une petite ville, a laissé à la ville de Paris huit millions pour une œuvre très méritoire ; mais il ne m'a remis que trois mille francs de la main à la main pour l'Hôpital St-Jacques. Enfin, la dame qui avait offert 400,000 fr. à M. Petroz, en 1846 ou 1847, après avoir déclaré qu'elle mourait avec deux convictions, la Bible et l'Homœopathie (elle était anglicane), a laissé une propriété de 300,000 fr. à l'Hôpital, déjà immensément riche, du bourg qu'elle habitait. Le premier et le second sont morts octogénaires ; la dame plus que septuagénaire. Si, de ces 9,300,000 fr. de legs, St-Jacques eût eu seulement le dixième, dans dix ans, il vivrait de ses propres ressources. Pour cela, que lui faut-il, en effet ? Un capital dont le revenu suffise à ses dépenses annuelles, soit un capital de quinze cent mille francs. Certes, nous ne désirons pas que, dans un avenir prochain, un tel capital nous arrive par suite de vos dispositions testamentaires. (*Sourires.*) Loin de là, nous ferons tout au monde pour que cette éventualité soit reculée le plus possible. Mais il faut dès maintenant procurer à l'Hôpital St-Jacques le revenu. Qu'est-ce que soixante mille francs à trouver dans une capitale comme Paris, dans une clientèle d'élite comme celle qui nous a jusqu'à présent témoigné sa confiance par son généreux concours ? Trois cents souscriptions annuelles de 200 fr. chacune en moyenne, l'indispensable, et c'est tout ! 200 fr. par an, telle est la somme minimum à laquelle nous avons dû, dans notre règlement intérieur, fixer la souscription qui confère le titre d'associé de l'Hôpital St-Jacques, conformément à l'article 2 des statuts arrêtés en Conseil d'Etat.

Le don d'une somme de 5,000 fr. ajoute à ce titre celui de fondateur.

Le don d'une somme de 2,000 à 4,000 fr. ajoute au titre d'associé, celui de bienfaiteur.

Déjà nous pouvons inscrire, en dons d'actions et d'obligations de la Société anonyme, constituant des parts dans la propriété de l'immeuble, nous pouvons inscrire cinq fondateurs, pour 10,000 fr., 6,000 fr., 5,000 fr. et cinq bienfaiteurs pour des sommes variant de 2,000 à 2,500 fr., en tout 37,000 fr., que l'Hôpital St-Jacques n'aura pas à rembourser à la Société anonyme lorsqu'il sera à même d'acquérir l'immeuble. En attendant, c'est une diminution de près de 1,500 fr. sur le loyer.

Quant à la souscription annuelle, il est bien peu de personnes pour qui elle soit une gêne réelle ; il n'en est point qui, en s'adressant aux membres de sa famille et à ses amis, ne puisse la réaliser en quelques jours. Il faut que chacun de vous fasse de la propagande et s'honore, se sanctifie même, en quêtant pour St-Jacques. Il faut que votre zèle à tous se ravive en présence des nécessités qui s'imposent. Il faut que l'enthousiasme et la ferveur des premières années vous entraînent de nouveau, puisque votre œuvre est, en quelque sorte, transformée, renouvelée elle-même.

Legs, dons, souscriptions de fondateurs, de bienfaiteurs, d'associés, offrandes moins importantes mais plus nombreuses, il faut que tout cela marche de pair. Et nous espérons qu'il en sera ainsi, jusqu'à ce que votre œuvre, assise sur des bases inébranlables, ait son indépendance, sa vie propre, garanties à tout jamais.

Si les dernières années ont été moins productives pour la souscription annuelle, nous ne l'attribuons pas à une diminution dans votre bienveillance et votre sympathie, mais bien aux circonstances qui ont retardé les appels et les rapports, et surtout à la souscription des actions et des obligations de la Société anonyme.

Toutefois, il ne faut pas s'abuser ; tout s'use en ce monde ; on se fatigue, on se lasse des demandes réitérées. Pour vous les épargner annuellement, il n'est qu'un moyen, c'est de réaliser, dans le plus bref délai, le capital de quinze cent mille francs suffisant au budget de l'Hôpital St-Jacques à perpétuité.

Je dois vous paraître importun, indiscret. Voici mes excuses, et vous les voudrez bien accepter, je n'en doute pas. Vous savez que nous combattons pour nos convictions scientifiques. Nous voulons la victoire pour l'Homœopathie. Nous avons consacré à cette noble cause, qui est celle de la vérité, tous nos efforts ; nous lui avons fait, nous lui ferons jusqu'à notre dernière heure, tous les sacrifices, même celui de l'amour-propre. Et il se trouve, comme je l'écrivais dernièrement à un grand nombre d'entre vous, « que nous ne sommes plus seulement ses représentants, les représentants de la liberté d'enseignement, mais encore les défenseurs de la liberté de conscience par le maintien des religieuses pour soigner nos malades.

« Tous les honnêtes gens s'unissent dans la croisade pour l'école libre ; nous les convions à s'unir à nous dans la croisade pour l'assistance publique, libre, libérale et, par conséquent, chrétienne. »

Voilà ce que j'écrivais ; comprenez-vous maintenant que nous redoublions d'instances auprès de vous et nous le pardonnez-vous ? La Société de l'Hôpital St-Jacques est au premier rang pour la défense des intérêts les plus chers, les plus précieux à l'humanité. Or, la Société de l'Hôpital St-Jacques, c'est vous, ses fondateurs, ses bienfaiteurs, ses associés et ses souscripteurs ! Son sort, son avenir sont entre vos mains, Messieurs, et particulièrement, Mesdames, entre les vôtres. (*Applaudissements.*)

Mgr Richard a bien voulu terminer la séance par ces quelques mots :

« Je suis heureux d'avoir présidé à cette cérémonie et d'avoir été chargé par Son Éminence le Cardinal Archevêque de Paris de témoigner à la Société de l'Hôpital St-Jacques tout l'intérêt qu'il lui porte.

« Après tout ce que j'ai vu ici, un ordre admirable régnant partout, le service fait par les sœurs ; après ce que je viens d'entendre, je ne doute pas que l'Hôpital St-Jacques continue les bonnes traditions des hôpitaux chrétiens. Je ferai à Son Éminence le récit de cette bonne journée. »

De la salle de réunion l'assistance s'est transportée successivement dans les trois pavillons aujourd'hui complètement meublés. Tous les visiteurs ont admiré la propreté et la convenance de l'ameublement, la puissance et la simplicité des appareils de chauffage et d'aération, la grandeur et la clarté des salles communes et des chambres particulières, leur élévation surtout, — sept mètres cinquante à l'arête faîtière, — due à la forme ogivale des plafonds, si utile et en même temps si élégante. Tous, agréablement surpris, enchantés, ont témoigné vivement leur satisfaction, l'Hôpital St-Jacques ne laissant rien à désirer au point de vue hygiénique.

Une quête, faite sur l'insistance des dames, a produit une somme assez importante. Enfin, en se retirant, Madame Abel Raimbaux a généreusement et gracieusement offert l'horloge ; il reste à trouver la cloche.

Clermont (Oise). — Imp. Daix frères, place St-André, 3.

www.ingramcontent.com/pod-product-compliance
Lightning Source LLC
LaVergne TN
LVHW021732030726

842523LV00004B/1378